SOMMAIRE

1 ACTIVITÉS PRÉALABLES 2
  Le décodage 2
    Des sons difficiles 2
    Des mots de la même famille 3
    Des verbes dont les terminaisons diffèrent 4
  Les liaisons 5
  Lire par groupes de mots 7
  Lire avec intonation 9

2 ACTIVITÉS PENDANT LA LECTURE 11
  Comprendre ce qu'on lit 11
    Trouver le sens d'un mot inconnu 11
    Trouver des informations par déduction ou inférence 16
    Identifier les mots de substitution 17
  Retenir ce qu'on lit 18
  Trouver les idées principales dans un texte narratif 20
  Trouver les idées principales dans un texte descriptif 23
  Formuler des questions suggérées par ce qu'on lit 26
  Prévoir la suite d'une histoire 27

3 ACTIVITÉS DE COMPRÉHENSION DE LECTURE 28
  Le texte narratif 28
  Le texte descriptif 46

CORRIGÉ 56

Activités préalables

Le décodage

• **Des sons difficiles** •

 Lis à haute voix plusieurs fois les mots suivants.

Mots contenant un **x**	Les sons **sc**	Le son **ch = k**
la boxe	une scie	un chœur
un index	les scorpions	une chorale
un taxi	un schéma	l'écho
une annexe	un scarabée	une chorégraphie
à l'extérieur	la scène	un chronomètre
une expression	scientifique	un orchestre
l'exposition	les scouts	le chlore
des explications	je scrute	la chlorophylle
une existence	la scarlatine	une chronique
un exemple	un ascenseur	un chrysanthème
un exercice	la sculpture	le cholestérol

Pour t'aider

Même si le **c** est précédé de la lettre **s**, on le prononce selon les règles habituelles :
- Il se prononce comme un **s** devant les lettres **e** et **i**.
    Exemples : **sci**ence, a**sce**nseur.
- Il se prononce comme un **k** devant les lettres **a**, **o** et **u** ou devant une consonne.
    Exemples : **sco**ut, je **scr**ute.
- Il forme le son **ch** (comme dans chat) lorsqu'il est suivi d'un **h**.
    Exemple : **sch**éma.

© 2007 Marcel Didier inc. — Reproduction interdite

Auj, l'ordinateur occupe la 1ère place dans le monde de la communication. On le trouve partout : dans les bureaux, les écoles et les maisons. Il est utilisé pour travailler, étudier, jouer et écouter de la musique.
Avec l'ord nous pouvons communiquer avec le monde entier.

PAGE
DATE

• **Des mots de la même famille** •

 Lis à haute voix les mots suivants.

balai
balayer
balayage
balayette
balayeur
balayeuse

bosse
bosser
bossu
bosselage
bosseler
débosseler
cabosser

bois
boisé
boiser
boisement
boiserie
déboiser
déboisement
reboiser
reboisement

avantage
avantager
avantageux
avantageuse
avantageusement
désavantage
désavantageux
désavantageuse
désavantager

bouillir
bouillon
bouillant
bouilli
bouilloire
bouillotte
bouillonnant
bouillonnement
ébouillanter

pas
passé
passer
passage
passager
passant
passagère
passation
passerelle
passeport

poisson
poissonnier
poissonnerie
poissonnière
poissonneux
poissonneuse

long
longer
longiligne
longitude
longévité
longueur
longuement
longtemps
allonger
allongement
prolonger
prolongement
prolongation

fil
filer
filet
fileur
fileuse
filature
filandreux
filament
filiforme

fosse
fossé
fossette
fossoyer
fossoyeur

Pour t'aider

Quand tu lis, si tu ne décodes pas les mots jusqu'à la fin, tu peux être tenté de changer un mot difficile pour un mot facile que tu connais.

Pour éviter ce type d'erreurs, suis les lettres du mot que tu lis avec un crayon et ne t'arrête qu'à la fin.

Des verbes dont les terminaisons diffèrent

 Lis à haute voix les verbes suivants. Fais les liaisons nécessaires.

Dormir
je dors, que je dorme, dormant, tu dormiras, tu dormirais, il a dormi, il dormit

Apprendre
il apprend, il apprit, il a appris, apprends, il apprendrait, il apprenait, il apprendra, qu'ils apprennent

Offrir
j'offrais, j'offris, offre, j'ai offert, j'offrirai, j'offrirais, offrant, que nous offrions

Envoyer
envoyant, vous envoyez, vous envoyiez, vous enverrez, vous enverriez, envoyez, vous aurez envoyé

Partager
nous partageons, nous partageâmes, partage, que nous partagions, partageant, nous partagerons, nous partagerions

Connaître
j'ai connu
je connaissais
je connaîtrai
je connaîtrais
que je connaisse
j'aurais connu
connaissant

Balayer
il balaie
il a balayé
il balaiera
il balayait
il balaierait
qu'il balaie
balayons
balayant
avoir balayé

Serrer
tu serreras
tu serrais
tu serrerais
tu avais serré
serrant
serrez
que vous serriez

Faire
faisant, nous faisons, nous aurons fait, vous fîtes, vous faites, que vous fassiez, nous faisions, nous ferons, nous ferions

Pour t'aider

Les terminaisons des verbes changent pour plusieurs raisons : leur mode, leur temps, leur sujet, etc.

Si, dans un texte, tu lis correctement les verbes avec leur terminaison, cela t'aidera à mieux comprendre **qui** fait l'action et **quand elle se déroule**.

Les liaisons

 Lis à haute voix, plusieurs fois, les textes suivants en respectant les liaisons indiquées.

L'AIGLE ET L'ARAIGNÉE

En avançant lentement à travers de hautes herbes, une araignée rencontre un aigle qui lui dit d'un air hautain :

— Tu es un insecte très laid, une petite chose insignifiante. Seuls les enfants sont effrayés par ton horrible tête.

Moi, tous les petits animaux me craignent. Quand ils me voient, ils ont à peine le temps de se cacher, car je suis très rapide. C'est une grande chance d'être aussi puissant !

L'araignée regarde le gros oiseau avec étonnement. Soudain, une détonation retentit et le grand aigle tombe raide mort. La petite araignée reprend sa route, bien contente d'être minuscule et de passer inaperçue !

Quant à sa tête, elle ne la trouve pas trop affreuse !

 **Pour t'aider**

Les liaisons ne se font pas entre tous les mots.
En général, on les fait entre :
- Le déterminant, le nom et l'adjectif.

  Exemple : un air hautain.
- Le pronom sujet et le verbe.

  Exemple : Ils ont.
- Le verbe et le mot qui le suit.

  Exemple : Tu es un insecte très laid.

L'ÂNE ET LES VOLEURS

Il était une fois un âne qui trottinait sur un étroit sentier de montagne. Il transportait un trésor que ses maîtres avaient dérobé dans une riche demeure.

Soudain, l'animal se mit à courir comme un fou. Un gros insecte venait de lui piquer une oreille.

— Arrête ! criaient les voleurs, en courant derrière lui.

Lorsqu'ils arrivèrent au village, tous les habitants se joignirent à la poursuite.

L'âne était de plus en plus affolé. Cherchant un abri, il se précipita dans la grange où ses maîtres cachaient habituellement leur butin.

C'est ainsi que les villageois retrouvèrent de nombreux objets qui avaient disparu de chez eux depuis plusieurs années.

Lire par groupes de mots

5 Lis chaque texte à haute voix en respectant les pauses indiquées.

a) Ils s'approchent de l'édifice, / hésitent un moment / et essaient d'entrer. / Malheureusement, / la porte est verrouillée. / De l'autre côté de la rue, / une grosse dame / affairée à placer des fruits dans son kiosque / lève le nez de ses cageots / pour observer la scène.

b) Matteo a perdu courage. / Il est fatigué, / il a faim / et terriblement peur. / Il n'ose parler à personne. / «J'irai à Milan / chez grand-mère Fatma / tout seul! / pense-t-il. / Je vais me cacher dans ce train / jusqu'à Porto Torres. / Je prendrai le ferry pour le continent / comme passager clandestin / et là, / je sauterai / dans le premier train pour Milan.» / Réconforté par cette décision, / il s'accoude à la fenêtre.

Pour t'aider

Quand une phrase est longue ou qu'on lit lentement, il faut faire des pauses pour reprendre son souffle.

Cependant, on ne peut pas faire ces pauses n'importe où : il faut lire d'un même souffle les mots qui appartiennent à un même groupe.

Le groupe du nom : c'est le nom, son déterminant et tous les mots qui servent à donner plus d'informations sur ce nom.

Exemples : la porte
　　　　　une grosse dame
　　　　　le ferry pour le continent

Le groupe du verbe : c'est le verbe conjugué et tous les mots qui le complètent.

S'il contient peu de mots, on les lit d'un seul trait. Sinon, on s'arrête entre les compléments.

Exemple : Une grosse dame / lève le nez de ses cageots / pour observer la scène.

c) Bercé par le bruit rythmé du train, / Matteo regarde le paysage / défiler par la fenêtre. / Juste après le départ, / il a vu la voiture blanche / quitter la route parallèle à la voie ferrée / et emprunter une autre direction. / Les deux hommes ne sont donc pas montés. / Rassuré, / il sent tout son corps se détendre. / Il imagine qu'à Porto Torres, / il pourra descendre / et se jeter dans les bras protecteurs / de son grand-père.

d) Peppino et Federica / ont passé une partie de la matinée / sur les quais du port, / à surveiller les vacanciers / qui embarquaient dans le ferry de huit heures quinze. / Puis, / ils sont allés se promener en ville / observer les gens. / Vers midi, / ils décident d'aller manger une bouchée / avant de rentrer à Cabras.

e) Au restaurant «Il Porto», / tout près du port, / l'agitation est à son comble. / Les tables rondes / aux petites nappes blanches / sont prises d'assaut / par des voyageurs embarrassés de valises. / Le prochain bateau pour le continent / est à vingt heures. / Le bruit est assourdissant.

f) Sur le port, / le terrain de stationnement / est maintenant presque désert. / Une vieille Fiat / garée le long du quai / semble faire tapisserie. / Un homme et une petite fille, / assis sur le capot de la voiture, / regardent les passagers retardataires / se hâter vers la passerelle.

Extraits de *Adieu, bandits!*, Suzanne Sterzi, coll. «Atout», Montréal, Hurtubise HMH, 1995.

Lire avec intonation

 **6** Lis le texte suivant à haute voix en faisant une courte pause et en gardant la voix élevée aux virgules.

UNE DRÔLE DE NUIT

Une nuit, Jacob s'éveille d'un coup, comme si quelqu'un lui avait touché l'épaule, comme si le réveil avait sonné. Une légère peur le saisit, l'espace d'une ou deux secondes et puis plus rien, un silence.

Immobile dans son lit, les yeux grands ouverts, Jacob essaie de percer le noir de la nuit. Tout est à sa place : l'ourson sur sa chaise, les avions de carton pas encore terminés sur la table, et ses vêtements sur le plancher. Tout ce qu'il y a sur les murs est encore sur les murs, la fenêtre n'a pas bougé et la porte non plus.

Jacob y voit de mieux en mieux. Ses yeux s'habituent à l'obscurité : la cage de l'oiseau, la carapace de tortue, la voiture de course rouge, et le réveil qui marque trois heures du matin, tout est exactement à sa place. Rien d'autre à faire que de se rendormir.

Christiane Duchesne, *Le Bonnet bleu*, coll. «Plus», Montréal, Hurtubise HMH, 2001.

 Pour t'aider

> Quand tu rencontres une virgule dans un texte, la phrase n'est pas terminée. Tu dois faire une légère pause et garder ta voix élevée, prête à lire le reste de la phrase. Les virgules jouent différents rôles.
>
> - Les virgules isolent des renseignements placés au début de la phrase (les compléments de phrase).
>
>   *Exemple* : Une nuit**,** Jacob s'éveille d'un coup.
>
> - Les virgules séparent les éléments d'une énumération.
>
>   *Exemple* : L'ourson sur sa chaise**,** les avions de carton pas encore terminés sur la table**,** et ses vêtements sur le plancher.
>
> - Les virgules isolent des renseignements placés dans la phrase.
>
>   *Exemple* : Immobile dans son lit**,** les yeux grands ouverts**,** Jacob essaie de percer le noir de la nuit.

7 Lis le texte suivant à haute voix en tenant compte de la ponctuation et de certains mots (mis en **gras**) qui t'indiquent comment modifier ta voix.

L'oisillon a passé assez de temps dans le nid. Il est maintenant temps pour lui de voler.

— Oh ! maman, j'ai **peur** ! Je ne veux pas sauter dans le vide, pas tout seul, porte-moi sur ton dos, **implore**-t-il.

— Mais non, dit maman **d'une voix rassurante**, je t'assure qu'il n'y a aucun danger.

— Je ne veux pas, je ne veux pas, répète le petit **en pleurnichant**.

Sans dire un mot, la maman pousse le petit en bas du nid.

— Au secours ! Au secours ! **crie**-t-il en agitant ses ailes.

Déjà, il a cessé de tomber et il vole au-dessus du jardin.

Quand tu lis, tu dois respecter les signes de ponctuation.
- La virgule (,) indique une pause, le ton de la voix reste élevé.
- Le point (.) indique une pause, le ton de la voix baisse.
- Le point d'interrogation (?) indique une question.
- Le point d'exclamation (!) indique une émotion.

De plus, certains mots peuvent t'indiquer comment modifier ta voix.

Par exemple, « Oh ! maman, j'ai peur ! » ne se lit pas de la même façon que « Mais non, dit maman d'une voix rassurante ».

Activités pendant la lecture

Comprendre ce qu'on lit

• **Trouver le sens d'un mot inconnu** •

 Dans les textes suivants, surligne les passages qui expliquent les mots en caractères **gras**.

a) Victor peut garder sa montre pour se baigner puisqu'elle est **étanche**, c'est-à-dire que l'eau ne peut y pénétrer.

b) L'écurie est séparée en compartiments fermés réservés aux chevaux, ce sont les **stalles**.

c) Les tours des châteaux forts étaient percées de fentes, les **meurtrières**, par lesquelles les soldats pouvaient lancer leurs flèches.

d) En juillet dernier, il a fait extrêmement chaud pendant plusieurs jours. Cette **canicule** a été très difficile à supporter.

e) Les plantes ont la capacité de fabriquer leur propre nourriture à l'aide de l'énergie fournie par le soleil : c'est ce que l'on appelle la **photosynthèse**.

Parfois, quand une phrase contient un mot difficile, sa définition est donnée dans la même phrase ou dans une autre phrase.

Exemple : Surpris par une **giboulée**, une pluie soudaine, ils sont vite rentrés.

Parfois, la définition est introduite par *c'est-à-dire*, *c'est ce qu'on appelle*, etc.

Exemple : Ce sol est **perméable**, *c'est-à-dire* que l'eau peut y pénétrer.

2 Sers-toi du contexte pour trouver le sens des mots en caractères gras, puis coche la bonne réponse.

a) Quand il est très content, mon chien se dresse sur ses pattes **postérieures** et me lèche les mains.

☐ ses quatre pattes
☐ ses pattes arrière

b) Pour son travail, monsieur Duhamel voyage dans plusieurs villes. Il **sillonne** le Québec pour rencontrer ses nombreux clients.

☐ Il creuse des trous dans les champs.
☐ Il parcourt la province dans tous les sens.
☐ Il trace des itinéraires sur la carte.

c) Le perroquet de Natacha est si **loquace** que je me bouche parfois les oreilles pour ne plus l'entendre parler.

☐ Il parle peu.
☐ Il dit des gros mots.
☐ Il parle beaucoup.

d) Cet **avare** amasse son argent, le cache et ne veut le partager avec personne.

☐ Une personne qui aime beaucoup l'argent.
☐ Une personne qui gagne beaucoup d'argent.
☐ Une personne qui travaille dans une banque.

e) Quand je fais des bêtises, ma grand-mère est très **indulgente**.
Elle ne me punit jamais sévèrement.

- ☐ Elle me donne des cadeaux.
- ☐ Elle me pardonne facilement.
- ☐ Elle m'envoie dans ma chambre.

f) Charles s'est mis à bouder quand madame Ida l'a regardé en riant.
Il est vraiment **susceptible** !

- ☐ Il est timide.
- ☐ Il a mauvaise haleine.
- ☐ Il est facilement insulté.

g) Nous n'irons pas au restaurant, nos sacs à dos sont pleins de **victuailles**.

- ☐ nourriture
- ☐ outils
- ☐ jouets

h) Gertrude est souvent distraite. Ses amies l'appellent Gertrude la Lune !
Ce **sobriquet** ne lui plaît guère !

- ☐ métier
- ☐ surnom
- ☐ vêtement

i) Ce vieux pirate, qui s'était battu sur toutes les mers du monde, portait un bandeau noir sur l'œil et ne pouvait plus tenir son épée : il était **borgne** et **manchot** !

- ☐ Il avait perdu un bras et une jambe.
- ☐ Il avait perdu un œil et une jambe.
- ☐ Il avait perdu un œil et un bras.

3 Trouve le sens des mots en caractères gras en t'aidant des mots de la même famille.

a) Dans la **pinède**, nous serons à l'abri.

Mot de la même famille : pin

☐ grotte
☐ voiture
☐ forêt

b) Il ne faut pas trop **tarder** !

Mot de la même famille : tard

☐ se faire gronder
☐ se faire attendre
☐ se faire mal

c) Lulu avait un chapeau rond **enjolivé** de fleurs des champs.

Mot de la même famille : joli

☐ décoré
☐ fabriqué
☐ augmenté

d) La chanteuse souffre d'une **extinction** de voix.

Mot de la même famille : éteindre

☐ Elle chante moins bien.
☐ Elle ne peut plus chanter.
☐ Elle chante beaucoup.

e) Les habitants étaient **terrorisés**.

Mot de la même famille : terreur

☐ Ils avaient très peur.
☐ Ils étaient surpris.
☐ Ils étaient inquiets.

Pour t'aider

Une famille de mots est un ensemble de mots formés à partir du même mot. Les mots d'une même famille ont un sens assez proche, ils se rapportent à la même idée.

Exemple : **rich**e : personne qui a beaucoup d'argent

en**rich**ir : rendre plus riche

4 Choisis le mot qui convient pour compléter chaque phrase en tenant compte du sens des préfixes.

a) séparables, inséparables

Ces deux amis sont toujours ensemble, ils sont _____.

b) illisible, lisible

Il faut vraiment améliorer ton écriture, ton texte est _____.

c) confortable, inconfortable

Grâce aux travaux, la maison est beaucoup plus _____.

d) audible, inaudible

On l'entend à peine, sa voix est _____.

e) compréhensible, incompréhensible

Ce texte n'est pas trop compliqué, il est _____ par n'importe qui.

f) lettré, illettré

Monsieur Fréchette ne savait pas lire, il était _____.

g) tolérable, intolérable

Il fait un froid de canard, mais c'est tout de même _____.

h) faisable, infaisable

Ce casse-tête a 10 000 morceaux, mais il est _____.

Pour t'aider

Pour former de nouveaux mots en français, on ajoute souvent une syllabe au début d'un mot, c'est un **préfixe**.

Chaque préfixe a un sens particulier.

Les préfixes **in-**, **im-**, **il-** sont ajoutés à un mot pour former son contraire.

Exemple : Ce café est buvable. Celui-là est **im**buvable.

• Trouver des informations par déduction ou inférence •

5 Lis les textes et réponds aux questions.

a) L'ours blanc est un mammifère qui vit dans les régions arctiques. Son pelage est blanc jaunâtre. La gestation de la femelle dure de 228 à 254 jours. Elle met au monde de un à quatre petits par portée.

Combien d'oursons une femelle peut-elle mettre au monde, au maximum, en une année ?

_____

b) Les bélugas fréquentent les eaux arctiques et subarctiques. Il y en a un certain nombre qui vivent dans l'estuaire du fleuve Saint-Laurent. La femelle porte son petit pendant quatorze mois et demi et elle l'allaite durant deux ans. Elle met au monde un seul petit par portée.

Le béluga est-il un poisson ou un mammifère ? _____

c) Le cerf vit dans les forêts d'Amérique du Nord. Lorsqu'il atteint l'âge de six ou sept mois, des bois poussent sur la tête du mâle. Ces bois tombent chaque année à l'automne et repoussent au printemps. Les cerfs vivent en bandes durant l'hiver, mais ils se dispersent au printemps.

En allant camper dans la forêt, j'ai vu un cerf portant des bois sur sa tête. Que peut-on conclure de cette observation ? Coche toutes les réponses plausibles.

☐ Ce cerf venait de naître.
☐ C'était l'hiver.
☐ C'était l'été.

Pour t'aider

Il arrive que la réponse à une question soit difficile à trouver dans un texte. Tu dois alors réfléchir, utiliser tes connaissances. Celles-ci, combinées aux informations données dans le texte, te permettront de **déduire** la réponse.

Exemple : Les enfants se roulent dans les feuilles mortes.

En quelle saison sommes-nous ?

En automne, car c'est la saison où les feuilles tombent des arbres.

• Identifier les mots de substitution •

 **6** Dans ce texte, les mots ou les groupes de mots surlignés ont été utilisés pour éviter des répétitions. Indique au-dessus de chacun s'il remplace P'tit-Jean (P), Nina (N) ou le roi (R).

P'tit-Jean s'en va à lui seul délivrer Nina et il l'emporte dans ses bras hors du château.

Aussitôt qu'elle respire l'air frais au dehors, elle regarde son libérateur et lui adresse le plus beau sourire du monde. Elle commence dès le premier coup d'œil à l'aimer.

P'tit-Jean s'en va reconduire la captive délivrée au château de son père. Il la quitte sur le seuil et se retire en toute discrétion pour aller à la recherche de sa sœur qui a disparu.

Or le roi fait battre un ban dans tout son royaume. Celui qui a délivré Nina, sa princesse, l'aura sans faute en mariage, lors de la grande fête qu'il commence tout de suite à préparer.

D'après Marius Barbeau, *Morvette et Poisson d'or et autres contes*, coll. «Atout», Montréal, Hurtubise HMH, 2000.

Pour t'aider

Il existe plusieurs façons d'éviter la répétition d'un mot dans un texte. On peut le remplacer par :

- Un pronom.
  Exemple : **P'tit-Jean** s'en va délivrer Nina.
  Il l'emporte dans ses bras.
- Un autre mot ou un groupe de mots.
  Exemple : **P'tit-Jean** s'en va délivrer Nina.
  Le garçon l'emporte dans ses bras.

Retenir ce qu'on lit

 **7** Lis le texte en essayant de retenir le plus d'informations possible, puis réponds aux questions sans relire le texte.

LES ANIMAUX ET LEURS MAISONS

Tous les animaux ont besoin de s'abriter. Selon leurs caractéristiques physiques et le milieu qu'elles habitent, les différentes espèces construisent des habitations qui leur conviennent.

Le castor construit d'abord un barrage sur une rivière afin que le niveau de l'eau monte et forme un étang. Il empile ensuite des branches pour former sa hutte.

À l'aide de brindilles, le moineau se construit un nid dans la fourche d'un arbre, c'est-à-dire là où deux grosses branches se rencontrent.

Grâce à son long bec pointu, « le pic-bois » se creuse un trou dans le tronc d'un arbre.

Le bernard-l'ermite est une sorte de crabe. Il choisit un coquillage vide abandonné par un mollusque et il s'y loge.

Le lièvre se creuse un abri sous la terre. Ce trou se prolonge en plusieurs tunnels ou galeries, on l'appelle un terrier.

Le nid des guêpes est accroché à une branche d'arbre ou sous les toits des maisons. Les guêpes le fabriquent avec du papier mâché qu'elles obtiennent en mâchant de petits morceaux de bois.

a) Nomme le plus grand nombre possible d'animaux dont il a été question dans ce texte.
   _____

b) À quel animal te font penser les mots suivants ?
   - barrage : _____
   - terrier : _____
   - papier mâché : _____
   - coquillage : _____
   - trou dans un arbre : _____
   - fourche d'un arbre : _____

c) Avec quoi le « pic-bois » construit-il son nid ?
   _____

d) Le bernard-l'ermite construit-il lui-même son abri ?
   _____

e) Quel animal construit son nid en mâchant des petits morceaux de bois ?
   _____

Trouver les idées principales dans un texte narratif

 Lis le texte, puis réponds aux questions de la page 22.

Le magicien

Situation initiale

    Il était une fois un magicien qui vivait dans une vieille cabane abandonnée au cœur de la forêt. Il avait étudié tous les livres des grands maîtres de la magie et s'était spécialisé dans les transformations. Il pouvait tout aussi bien métamorphoser une jeune fille en grenouille qu'un misérable ver de terre en un aigle majestueux.

Élément déclencheur

    Mais depuis quelques années, il n'avait plus l'occasion de pratiquer son métier, car il y avait de moins en moins de circulation près de chez lui. Personne ne venait plus faire appel à ses talents pour régler ses problèmes personnels.

Péripéties

    Un matin, il fit son baluchon, quitta sa cabane et partit à l'aventure. Il arriva bientôt dans un village en ruine. Les habitants en pleurs lui expliquèrent que chaque automne, un géant descendait de la montagne, détruisait tout sur son passage et s'emparait des récoltes.

    Voyant là un bon moyen d'exercer son métier, le magicien se mit au travail : il transforma les mulots qui couraient partout en magnifiques vaches laitières, les corbeaux en poules pondeuses, les vieilles maisons délabrées en chaumières accueillantes.

Au bout d'un an, le village connaissait à nouveau la prospérité et il ne restait plus qu'à couper le blé dans les champs.

Mais un soir, la terre se mit à trembler. C'était le géant qui approchait du village. Terrorisés, les paysans s'enfermèrent chez eux à double tour.

Dénouement

Le magicien se planta au milieu de la route à l'entrée du village. Lorsqu'il vit le monstre apparaître, il prononça d'une voix ferme une des formules magiques de son répertoire. Aussitôt, le géant se transforma en un gros bœuf aux yeux doux. Il serait bien utile pour tirer la charrue.

Situation finale

À compter de ce jour, les paysans connurent la paix et vécurent heureux. Le magicien s'installa au village, ouvrit une parfumerie, rendant à l'occasion des petits services à tout un chacun.

Pour t'aider

Un texte narratif est un texte qui raconte une histoire.

Dans le premier paragraphe se trouve **la situation initiale** de l'histoire, c'est-à-dire **qui** est le personnage principal, **quand** l'histoire se déroule, **où** elle commence, **ce que** fait le personnage au moment où débute l'histoire.

Dans le deuxième paragraphe se trouve **l'élément déclencheur** de l'histoire, c'est-à-dire le **problème** qui survient pour déclencher l'histoire.

Dans les paragraphes suivants se trouvent :
- **les péripéties** de l'histoire, c'est-à-dire les **actions principales** : comment réagit le personnage principal, ce qu'il fait, ce qui se passe ensuite ;
- **le dénouement** de l'histoire, c'est-à-dire la façon dont se termine l'histoire : le problème est-il réglé, si oui, comment ?

Dans le dernier paragraphe se trouve la **situation finale** de l'histoire, c'est-à-dire ce qui se passe quand tout est terminé.

Situation initiale (1er paragraphe)

a) Qui est le personnage principal ? _____

b) Où commence l'histoire ? _____

c) Qu'apprend-on au sujet du personnage principal au début de l'histoire ?
_____

Élément déclencheur (2e paragraphe)

d) Quel problème survient ? _____

Péripéties (3e, 4e, 5e paragraphes)

e) Quelles sont les principales actions qui vont aider le personnage principal à résoudre son problème ?

- _____
- _____
- _____
- _____

Dénouement (6e paragraphe)

f) Comment se dénoue l'histoire ?
_____

Situation finale (7e paragraphe)

g) Que se passe-t-il ensuite ?
_____

Trouver les idées principales dans un texte descriptif

 Lis ce texte, puis réponds aux questions de la page 25.

Sujet

DES ANIMAUX EN VOIE DE DISPARITION

Il existe plus d'un million d'espèces d'animaux. Malheureusement, soit parce qu'elles ont été trop chassées, soit parce que leur habitat a été détruit, certaines espèces sont menacées de disparaître. C'est le cas des trois animaux suivants.

1er aspect

Le bison

sous-aspect

Ce gros buffle était très répandu en Amérique du Nord avant l'arrivée des Européens. Il y en avait des millions qui parcouraient les grandes prairies. On les a beaucoup chassés, notamment pour nourrir les travailleurs qui construisaient les chemins de fer. Il n'en reste que quelques milliers qui sont protégés dans des parcs nationaux comme le parc Yellowstone aux États-Unis et le parc Buffalo au Canada.

sous-aspect

sous-aspect

2e aspect

Le kapako

sous-aspect

Le kapako est un grand perroquet d'Océanie (Australie et Nouvelle-Zélande). Au 19e siècle, quand les Européens sont arrivés, ils ont déboisé, ce qui a menacé son habitat. Ils ont aussi introduit de nouvelles espèces comme l'hermine, un prédateur du kapako, et le cerf, qui a lui aussi contribué à détruire son habitat. Aujourd'hui, il en reste peu. On a essayé de les déplacer vers un nouveau milieu de vie, mais ces tentatives ont échoué.

sous-aspect

sous-aspect

3ᵉ aspect   **Le cheval de Przewalski**

sous-aspect   Ce petit cheval, mesurant à peine 1,20 mètre, doit son nom à un naturaliste polonais qui en a découvert un troupeau en 1879. C'est la seule espèce de cheval qui n'a jamais été domestiquée.

sous-aspect   Ces chevaux parcouraient alors les steppes de l'Asie centrale. Ils sont menacés aujourd'hui parce qu'on les chasse et qu'on les croise avec des poneys domestiques.

sous-aspect   Depuis 1992, on a appliqué un programme efficace de reproduction sur les animaux en captivité et on a ainsi pu réintroduire des représentants de cette espèce dans les parcs nationaux de Mongolie.

Pour t'aider

Un texte descriptif est un texte qui décrit une situation, un animal, une plante, un événement historique, une personnalité, etc.

- Dans le titre ou dans le premier paragraphe, on donne le **sujet** du texte.
- Chacun des paragraphes suivants traite d'un **aspect** du sujet, c'est-à-dire une partie du sujet.

Par exemple, le sujet du texte est : des animaux en voie de disparition. Comme on ne peut pas traiter de tous les animaux en voie de disparition, on en a choisi trois. Chaque animal est un aspect du sujet.

- Pour chaque aspect, on donne des informations, c'est ce qu'on appelle des **sous-aspects**.

Par exemple, pour chaque animal (chaque aspect), on parle du continent où il vit.

a) Quel est le sujet du texte ? _____

b) Quels sont les trois aspects traités ?
_____
_____
_____

c) Comment as-tu repéré facilement ces trois aspects ?
_____

d) Pour chacun des trois aspects, on peut identifier au moins trois sous-aspects. Complète.

1er aspect : _____

Sous-aspects

• Continent où il vit : _____

• Cause de sa disparition : _____

• Mesure adoptée pour le sauver : _____
_____

2e aspect : _____

Sous-aspects

• Continent où il vit : _____

• Causes de sa disparition : _____
_____

• Mesure adoptée pour le sauver : _____
_____

3e aspect : _____

Sous-aspects

• Continent où il vit : _____

• Causes de sa disparition : _____
_____

• Mesure adoptée pour le sauver : _____
_____

Formuler des questions suggérées par ce qu'on lit

10 Lis ce texte, puis formule oralement des questions dont les réponses sont surlignées.

LA COCCINELLE

Les coccinelles ont six pattes, ce sont donc des insectes. Celles que l'on voit le plus souvent sont rouges avec sept points noirs, mais il en existe qui ont d'autres couleurs. La partie rouge que l'on voit sur leur dos est en fait une paire d'ailes solides. Elles ont d'autres ailes transparentes qui leur servent à voler et qu'elles replient sous leurs ailes rouges. La coccinelle se nourrit de pucerons, des petits insectes qui s'attaquent aux plantes. Elle les attrape avec ses mandibules, des sortes de pinces situées de chaque côté de sa bouche. Elle peut en dévorer cinquante en une seule journée.

Les coccinelles s'accouplent au printemps pour avoir des bébés. La femelle pond ses œufs sur une feuille. Après sept jours, il en sort des larves qui, huit jours plus tard, deviendront des coccinelles. La coccinelle qui naît est d'abord jaune, il lui faut quelques heures pour devenir rouge avec des points noirs.

Pour t'aider

Pour t'assurer que tu comprends bien ce que tu lis, formule des questions tout au long de ta lecture. Ces questions peuvent commencer par **Qui ? Combien ? Est-ce que ? Qu'est-ce que ?** etc.

Exemple : Combien la coccinelle a-t-elle de pattes ?

Prévoir la suite d'une histoire

 **11** Lis le début de cette histoire (la situation initiale et l'élément déclencheur), puis essaie d'imaginer la suite (une ou deux péripéties, le dénouement et la situation finale). Ensuite, tourne ton cahier pour lire la suite.

LE VIOLONEUX ET LE LOUP

Situation initiale

Il avait fait danser les invités toute la journée, puis toute la soirée. La nuit était tombée depuis longtemps quand, la noce terminée, Jean avait enfin rangé son violon. D'un pas alerte, il marchait maintenant sur le sentier qui traversait la forêt. La lune éclairait sa route et il n'avait pas peur.

Élément déclencheur

Soudain, un léger craquement se fit entendre derrière lui. Jean se retourna vivement et aperçut une ombre dans les fourrés. Deux yeux jaunes brillaient dans le noir. Un loup l'observait. Le violoneux se mit à trembler. Il n'avait rien pour se défendre.

1re péripétie

Espérant contenter le loup, Jean vida sa besace qui contenait du pain, du fromage et des biscuits. Puis il se mit à courir de toutes ses forces. À bout de souffle, le garçon s'arrêta et se retourna. Le loup le suivait toujours.

2e péripétie

Saisi d'une inspiration étrange, le violoneux sortit son instrument et se mit à jouer. Le loup s'immobilisa immédiatement et s'assit. Curieusement, il semblait écouter. Mais dès que la musique cessa, le loup se remit en marche d'un air menaçant. Jean recommença à jouer et, de nouveau, le loup, hypnotisé, s'arrêta.

Dénouement

Jean comprit alors où était son salut. Tout en marchant, il continua à jouer afin de tenir le loup à distance. Ainsi, le violoneux put traverser la forêt et rentrer chez lui sain et sauf.

Situation finale

Jean le violoneux avait été sauvé par la musique. Son histoire le rendit célèbre et son violon continua longtemps encore à faire danser les villageois des alentours.

Pour t'aider

Il n'y a pas de bonne ou de mauvaise réponse !
Quand tu lis, essaie toujours de deviner ce qui va arriver. Cela t'aidera à rester attentif et à comprendre.

Activités de compréhension de lecture

Le texte narratif

1 Lis le texte, puis réponds aux questions des pages 30 à 33.

LE SOLEIL QUI NE VOULAIT PLUS SE LEVER

Le Soleil était un astre très occupé : chaque jour, il devait se lever à l'aube et parcourir le ciel pour éclairer la Terre. En général, il était très satisfait de son travail. Il aimait beaucoup marcher, et même s'il ne pouvait pas s'arrêter très longtemps pendant sa course, il réussissait à échanger quelques mots avec les autres étoiles.

Ces derniers temps, toutefois, le Soleil était bien fatigué. Se lever était devenu une corvée, et il déambulait* sans entrain* dans l'espace, saluant à peine ses amis. Et ce qui devait arriver arriva : un matin, le Soleil ne put sortir du lit. Il avait mal à la tête, il se sentait tout mou, bref, il n'était pas en bon état.

La Lune, sa voisine, s'inquiéta qu'il ne soit pas encore sorti à une heure aussi tardive. Elle alla sonner à sa porte.

— Entrez ! murmura une voix faible.

— Mais enfin, monsieur Soleil, il est déjà sept heures et demie ! Que faites-vous encore couché ? s'exclama la Lune lorsqu'elle le vit étendu dans son lit.

— Je ne me sens pas bien, répondit le Soleil. J'ai quand même droit à un jour de congé !

— Monsieur Soleil, s'indigna* la Lune, il fait nuit noire dehors ! Vous devez vous lever ! Imaginez que je décide moi aussi de rester chez moi, le soir. Ce serait la catastrophe !

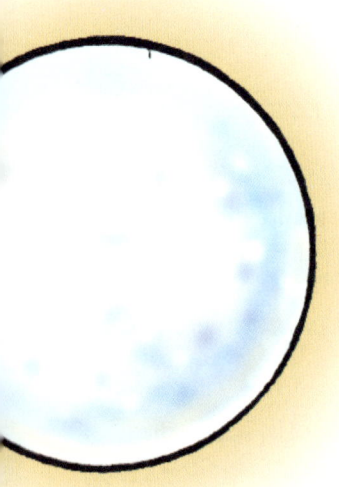

* **Vocabulaire**

déambuler : marcher sans but précis

entrain : gaieté

s'indigner : se fâcher

éclipse de Soleil : passage du Soleil dans l'ombre de la Lune

Mais la Lune comprenait un peu le Soleil. Il est vrai qu'elle avait droit, elle, à au moins quelques nuits de repos par mois. Le Soleil, lui, devait travailler tous les jours sans exception. Elle le laissa donc tranquille et rentra chez elle.

Sur la Terre, pourtant, on commençait à s'inquiéter sérieusement. Certaines personnes avaient tout simplement cru que leur réveil avançait et étaient retournées se coucher, mais d'autres observaient le ciel d'un air craintif, convaincues – et avec raison ! – que quelque chose ne tournait pas rond.

« Que se passe-t-il ? se demandait-on. Où est le Soleil ? » Personne ne pouvait expliquer ce phénomène. La panique menaçait de gagner la population à tout moment. Quel ne fut pas le soulagement des gens lorsque, le soir venu, la Lune vint prendre sa place dans le ciel. Elle, au moins, avait le sens des responsabilités !

Pendant toute la journée, le Soleil s'était reposé. Il se sentait déjà mieux et avait beaucoup réfléchi. Il ne pouvait pas laisser trop longtemps la Terre dans le noir. Mais il ne pouvait pas non plus travailler sans arrêt ! Il eut soudain une idée… Et s'il s'associait avec la Lune ? Et si, quand vraiment il était trop épuisé, la Lune le remplaçait quelques instants, juste le temps qu'il reprenne son souffle ?

Tout excité, le Soleil attendit le retour de sa voisine. Lorsqu'il la vit pousser son portail, il lui fit signe de le rejoindre et lui exposa son projet, qu'elle accepta tout de suite. Elle serait heureuse de lui rendre ce petit service !

Et voilà pourquoi quelquefois, lorsque le Soleil n'en peut plus, la Lune prend sa place un moment. C'est ce que les scientifiques ont appelé une éclipse de Soleil*.

Structure du texte

Situation initiale

a) Quel est le personnage principal ? Coche la bonne réponse.

☐ la Lune ☐ le Soleil ☐ un astre

b) Que fait-il au moment où débute l'histoire ? Coche la bonne réponse.

☐ Il échange quelques mots avec les étoiles.
☐ Il parcourt le ciel pour éclairer la Terre.

Élément déclencheur

c) Quel problème survient pour déclencher l'histoire ? Coche la bonne réponse.

☐ Un matin, le Soleil ne salue pas ses amis.
☐ Un matin, le Soleil ne peut pas se lever.
☐ Un matin, le Soleil ne fait pas sa toilette.

Péripéties

d) Que se passe-t-il ensuite ? Coche les six péripéties.

☐ La Lune va sonner à la porte du Soleil.
☐ La Lune prend un jour de congé.
☐ La Lune demande des explications au Soleil.
☐ Le Soleil explique à la Lune son problème.
☐ La Lune lui fait des reproches.
☐ Le Soleil se fâche.
☐ La Lune rentre chez elle.
☐ Sur la Terre, les gens s'inquiètent.

Dénouement

e) Comment le problème est-il résolu ? Coche la bonne réponse.

☐ La Lune accepte de remplacer le Soleil de temps en temps.
☐ Le Soleil se sent mieux et le lendemain, il reprend son travail.

Situation finale

f) Quelle est la conséquence de cette histoire ? Coche la bonne réponse.

☐ L'apparition des éclipses de Soleil.
☐ L'apparition du jour et de la nuit.
☐ La fin des éclipses de Soleil.

Compréhension du texte

g) Que fait le Soleil chaque jour ?
_____

h) Le Soleil aime-t-il son travail ? Justifie ta réponse par une phrase du texte.
_____

i) Le Soleil est-il fatigué ? Justifie ta réponse par une phrase du texte.
_____

j) Qui est la voisine du Soleil ? _____

k) Qu'est-ce qui rend la Lune inquiète ?
_____

l) À quelle heure la Lune va-t-elle sonner chez le Soleil ? _____

m) La Lune apparaît-elle toutes les nuits ? Justifie ta réponse par une phrase du texte.
_____

n) Comment les gens sur la Terre réagissent-ils à l'absence du Soleil ?
_____
_____

o) Pourquoi certaines personnes sont-elles retournées se coucher ?
_____

p) Pendant combien de temps le Soleil s'est-il reposé ?
_____

q) Quelle idée le Soleil a-t-il eue ?
_____

r) L'idée du Soleil a-t-elle plu à la Lune ? _____

s) Les éclipses de Soleil existent-elles vraiment ? _____

t) Coche le texte qui résume le mieux l'histoire.

☐ Un matin, le Soleil, fatigué, reste couché et la Terre est plongée dans le noir. Pour éviter que cela se reproduise, le Soleil se fait remplacer de temps en temps par la Lune. C'est ce qu'on appelle les éclipses de Soleil.

☐ Un matin, le Soleil, fatigué, reste couché et la Terre est plongée dans le noir. Les habitants sont inquiets. La Lune va voir le Soleil pour qu'il lui explique la situation.

2 Lis le texte, puis réponds aux questions des pages 36 à 39.

Jonas dans la baleine

* Vocabulaire

mastodonte : animal énorme

garde-fou : barrière pour empêcher les gens de tomber

branle-bas de combat : agitation générale

tribord : côté droit d'un bateau quand on regarde vers l'avant

En pleine canicule de juillet, Jonas Laliberté, accompagné de ses parents et de sa petite sœur, embarque à Tadoussac sur le *Louis-Joliette* pour une croisière sur le Saint-Laurent. C'est un temps magnifique pour l'observation des baleines. Jonas, qui a dix ans, n'a jamais vu de baleines de sa vie. Il est heureux, il va enfin avoir la chance d'en rencontrer vraiment.

Au bout de quelques heures, aucun de ces mastodontes* ne s'est encore manifesté. Jonas et sa petite sœur, Géraldine, décident d'aller faire un tour sur le pont du bateau. Tout en marchant, Jonas lance en l'air la balle qu'il a toujours sur lui.

Il la lance de plus en plus fort, de plus en plus haut. Soudain, un brusque coup de vent fait dévier la balle.

Jonas se précipite pour rattraper sa balle. Il ne voit pas les cordages qui traînent sur le pont. Il trébuche, tente en vain de s'accrocher au garde-fou*, et, sous le regard horrifié de sa petite sœur, tombe à la mer. Une chute de près de quinze mètres dans l'eau glacée !

Un matelot, qui a assisté à la scène, crie : « Un homme à la mer ! » Il plonge aussitôt pour récupérer l'enfant qui vient de disparaître dans les flots. Sur le bateau, c'est le branle-bas de combat* ! Les passagers, alertés par les hurlements de Géraldine, arrivent en courant sur le pont. Le père de Jonas plonge à son tour dans l'espoir de sauver son fils.

Le capitaine stoppe immédiatement les machines, donne l'ordre de lancer des bouées de sauvetage et de mettre un canot à l'eau.

Soudain, quelqu'un s'écrie : « Le voilà ! Je le vois ! Il est là-bas ! » Et en effet, à quelque cinquante mètres à tribord*, on aperçoit Jonas qui a refait surface et se débat énergiquement. Le capitaine tente, à l'aide d'un porte-voix, de guider les secours vers l'enfant.

C'est alors que tous assistent à une scène digne des pires cauchemars : une baleine bleue, surgissant de nulle part, s'approche de Jonas, ouvre son énorme bouche et avale le pauvre garçon.

Un silence de plomb s'abat sur le navire. C'est la consternation générale. De mémoire de marin, on n'a jamais vécu un tel drame. Mais il faut se rendre à l'évidence, Jonas est bel et bien dans le ventre de la baleine. Rien ni personne ne pourra le sauver.

Pourtant ! un miracle a eu lieu, trois jours plus tard, aux petites lueurs de l'aube, aux Îles-de-la-Madeleine. Gilbert Lagacé, 37 ans, pêcheur à Cap-aux-Meules, est en train de relever ses filets lorsqu'il remarque le comportement pour le moins bizarre d'une baleine. Il la voit s'approcher de la rive, et cracher quelque chose sur le sable. C'est Jonas Laliberté en chair et en os, un peu amaigri, les vêtements en lambeaux, mais bel et bien vivant !

Après s'être remis de ses émotions, Jonas téléphone à ses parents et leur dit : « Pour une fois, je saurai quoi dire quand je raconterai mes vacances ! »

Structure du texte

Situation initiale

a) Quand se passe l'histoire ? _____

b) Qui est le personnage principal ? _____

c) Où se passe l'histoire ? _____

d) Que fait le personnage principal au moment où débute l'histoire ? Coche la bonne réponse.

☐ Il fait une croisière d'observation des oiseaux.

☐ Il fait une croisière d'observation des baleines.

☐ Il prend le train à Tadoussac.

Élément déclencheur

e) Quel événement survient pour déclencher l'histoire ? Coche la bonne réponse.

☐ L'eau est glacée.

☐ Le regard de la sœur de Jonas est horrifié.

☐ Jonas tombe à la mer.

Péripéties

f) Que se passe-t-il ensuite ? Coche les trois péripéties du texte.

☐ 1. Jonas se précipite pour rattraper sa balle.
    2. Il trébuche et tombe à la mer.
    3. On tente de le sauver.

☐ 1. Il ne voit pas les cordages qui traînent sur le pont.
    2. On lance des bouées, on met un canot à l'eau.
    3. Le père de Jonas plonge dans l'eau.

☐ 1. Un matelot voit tomber Jonas.
    2. On essaie de le sauver.
    3. Une baleine avale Jonas.

Dénouement

g) Comment le problème est-il résolu ? Coche la bonne réponse.

☐ La baleine recrache Jonas sur la rive.
☐ La baleine se comporte bizarrement.
☐ Un pêcheur repêche Jonas dans ses filets.

Situation finale

h) Comment se termine l'histoire ? Coche la bonne réponse.

☐ Jonas a les vêtements en lambeaux.
☐ Jonas a perdu son téléphone.
☐ Jonas saura quoi dire à propos de ses vacances.
☐ Jonas a raté ses vacances.

Compréhension du texte

i) Quel est le nom de famille du personnage principal? _____

j) Qu'est-ce que le *Louis-Joliette*? _____

Quels sont les mots du texte qui permettent de répondre?
_____

k) Près de quel fleuve la ville de Tadoussac est-elle située?
_____

l) Pourquoi Jonas est-il heureux au début de l'histoire?
_____

m) Qu'est-ce qui a fait trébucher Jonas?
_____

n) Que fait chacun des personnages suivants?

• Le matelot qui a vu Jonas tomber: _____

• Le père de Jonas: _____

• Le capitaine: _____

o) Combien de temps Jonas est-il resté dans le ventre de la baleine?
_____

p) À quelle heure Jonas a-t-il pu être retrouvé ? Coche la bonne réponse.

☐ 4 h 45   ☐ 11 h 45   ☐ 18 h 45

Quels sont les mots du texte qui permettent de répondre ?

_____

q) Quelle est la première personne qui a revu Jonas ?

_____

r) Où se trouve Cap-aux-Meules ?

_____

s) Pourrait-on dire que Gilbert Lagacé est un Madelinot ? Justifie ta réponse par une phrase du texte.

_____

t) Coche le texte qui résume le mieux l'histoire.

☐ Jonas est sur un bateau. Il est heureux. Avec sa sœur, il décide d'aller sur le pont. Il ne voit pas les cordages qui traînent sur le pont et trébuche. Sa sœur est horrifiée. Jonas est retrouvé vivant par un pêcheur.

☐ Jonas et sa famille font une croisière sur le Saint-Laurent. Soudain, en essayant de rattraper une balle, Jonas tombe à l'eau. Une baleine l'avale. Trois jours plus tard, elle le recrache sur la rive et Jonas est sauvé.

LE PETIT NIGAUD

Il était une fois, il y a bien longtemps, dans un pays lointain, un roi qui avait trois fils. Un beau jour, les deux aînés partirent courir le monde et on ne les revit plus. Le plus jeune, qu'on appelait le petit nigaud, partit à leur recherche.

Quand il les retrouva, ses frères se moquèrent de lui, le traitant de petit nigaud, d'incapable et d'ignorant. Malgré les moqueries, il décida de faire route avec eux.

Bientôt, les trois frères aperçurent une fourmilière. Les deux aînés, juste pour le plaisir, voulurent la détruire, mais le petit nigaud leur dit : « Laissez ces fourmis en paix, je ne supporterai pas qu'on les dérange. »

Plus loin, ils virent sur un étang de magnifiques huards. Les deux aînés voulurent en tuer deux pour les manger ; mais le petit nigaud s'y opposa en disant : « Laissez ces oiseaux en paix, je ne supporterai pas qu'on les tue. »

Plus loin encore, ils remarquèrent un nid d'abeilles dans un arbre. Les deux aînés voulurent enfumer les abeilles pour s'emparer du miel. Mais le petit nigaud les retint et leur dit : « Laissez ces insectes en paix, je ne supporterai pas qu'on les brûle. »

Enfin, les trois frères arrivèrent à un étrange château où tous les êtres vivants avaient été changés en pierre. Après avoir traversé les nombreuses salles du palais sans rencontrer âme qui vive, ils parvinrent devant une porte. Au milieu de la porte, il y avait un guichet par lequel on pouvait voir un petit homme à cheveux gris assis à une table. Ils l'appelèrent une fois, deux fois ; à la troisième fois, il vint leur ouvrir. Puis sans prononcer une parole, il les conduisit à une table richement servie. Quand ils eurent bu et mangé, le petit homme les mena chacun dans une chambre pour la nuit.

Le lendemain matin, le petit homme réveilla l'aîné des frères et le conduisit devant une table de pierre, sur laquelle étaient écrites trois épreuves dont il fallait venir à bout pour désenchanter le château. La première était de chercher dans la mousse, au milieu des bois, mille perles perdues par la princesse ; si le chercheur ne les avait pas toutes trouvées avant le coucher du soleil, il serait changé en pierre. L'aîné passa toute la journée à chercher les perles. Le soir venu, il n'en avait trouvé que quelques-unes. Il fut alors changé en pierre. Le lendemain, le second frère échoua lui aussi et fut changé en pierre.

Vint le tour du petit nigaud. Il se mit à chercher les perles dans la mousse. Mais comme c'était une tâche impossible, il s'assit sur une pierre et se mit à pleurer. Le roi des fourmis, auquel il avait sauvé la vie, arriva aussitôt avec cinq mille de ses sujets. Il ne fallut qu'un instant à ces petits animaux pour trouver toutes les perles et les réunir en un seul tas.

La seconde épreuve consistait à repêcher la clef de la chambre de la princesse, qui était au fond d'un lac très profond. Le petit nigaud ne savait pas nager. Les huards qu'il avait sauvés apparurent, plongèrent au fond du lac et rapportèrent la clef.

La troisième épreuve était la plus difficile. Le petit homme amena le petit nigaud devant trois princesses endormies qui se ressemblaient comme trois gouttes d'eau. Il fallait qu'il reconnaisse la plus jeune et la plus aimable d'entre elles.

Le petit homme aux cheveux gris lui donna ces indices : avant de s'endormir, l'aînée avait avalé un morceau de sucre, la seconde une gorgée de sirop et la troisième une cuillerée de miel. La reine des abeilles, que le jeune homme avait sauvée du feu, se manifesta immédiatement. Elle voltigea autour des trois princesses et se posa doucement sur les lèvres de celle qui avait mangé du miel. Le petit nigaud réussit ainsi la dernière épreuve.

Alors, l'enchantement cessa et tous ceux qui avaient été changés en pierre reprirent vie.

Un peu plus tard, le petit nigaud épousa la plus jeune et la plus aimable des princesses. À la mort de son père, il devint roi. Quant à ses deux frères, ils épousèrent les deux autres sœurs.

D'après *La Reine des abeilles* des frères Grimm.

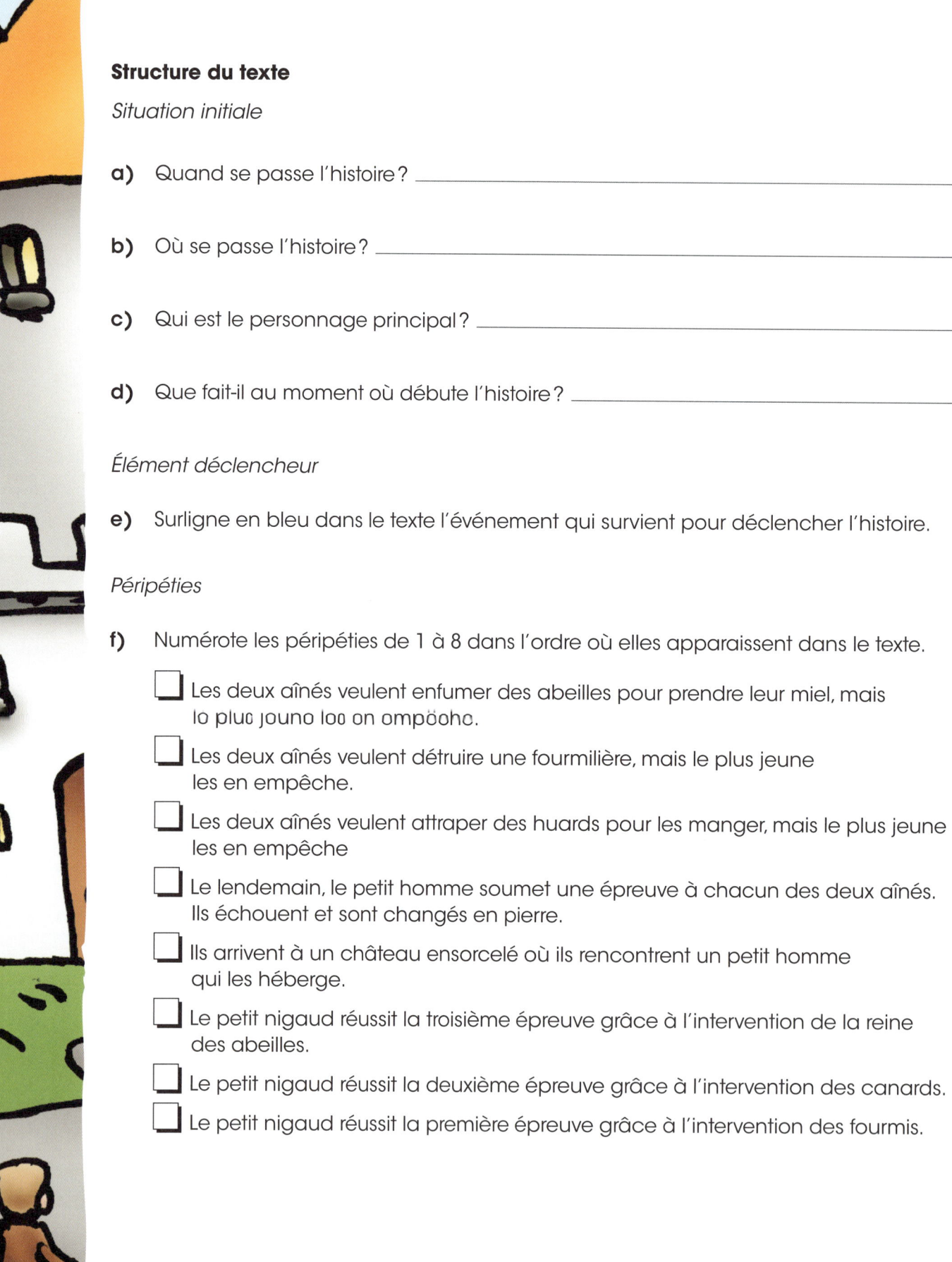

Structure du texte

Situation initiale

a) Quand se passe l'histoire ? _____

b) Où se passe l'histoire ? _____

c) Qui est le personnage principal ? _____

d) Que fait-il au moment où débute l'histoire ? _____

Élément déclencheur

e) Surligne en bleu dans le texte l'événement qui survient pour déclencher l'histoire.

Péripéties

f) Numérote les péripéties de 1 à 8 dans l'ordre où elles apparaissent dans le texte.

☐ Les deux aînés veulent enfumer des abeilles pour prendre leur miel, mais le plus jeune les en empêche.

☐ Les deux aînés veulent détruire une fourmilière, mais le plus jeune les en empêche.

☐ Les deux aînés veulent attraper des huards pour les manger, mais le plus jeune les en empêche

☐ Le lendemain, le petit homme soumet une épreuve à chacun des deux aînés. Ils échouent et sont changés en pierre.

☐ Ils arrivent à un château ensorcelé où ils rencontrent un petit homme qui les héberge.

☐ Le petit nigaud réussit la troisième épreuve grâce à l'intervention de la reine des abeilles.

☐ Le petit nigaud réussit la deuxième épreuve grâce à l'intervention des canards.

☐ Le petit nigaud réussit la première épreuve grâce à l'intervention des fourmis.

Dénouement

g) Surligne en jaune dans le texte la phrase qui indique que le problème est résolu.

Situation finale

h) Comment se termine l'histoire ? _____

Vocabulaire

i) Choisis dans la liste le mot qui correspond à chaque définition.
Au besoin, aide-toi du dictionnaire.

aîné, enfumer, foumilière, guichet, huard, mousse, nigaud, sujets, voltiger

- Personne stupide : _____
- Personne plus âgée qu'une autre : _____
- Habitation à plusieurs étages, pourvue de galeries, où vivent les fourmis :
  _____
- Envelopper de fumée : _____
- Petite ouverture dans une porte ou un mur par laquelle on peut parler
  à quelqu'un : _____
- Plante formant un tapis sur la pierre, la terre ou l'écorce des arbres :
  _____
- Oiseau aquatique : _____
- Personnes soumises à l'autorité d'un roi : _____
- Voler à petits coups d'ailes en changeant de direction : _____

Compréhension du texte

j) Comment dit-on dans le texte qu'il n'y a personne dans le château ?
_____

k) Qui est venu aider le petit nigaud :

à retrouver les perles ? _____

à retrouver la clef ? _____

à identifier la princesse ? _____

l) Combien de fourmis sont intervenues pour aider le petit nigaud ? _____

m) Quelle expression du texte indique que les trois princesses se ressemblent parfaitement ?
_____

n) Complète le résumé de l'histoire.

Un _____ parcourt le monde avec _____.

En chemin, il sauve des _____ que _____

veulent maltraiter.

Dans un _____ ensorcelé, les deux _____

sont changés en _____ , mais grâce à l'intervention des _____

qu'il a sauvés, le _____ réveille une _____

et fait cesser _____.

Il se marie avec _____ et devient _____.

Le texte descriptif

4 Lis le texte, puis réponds aux questions des pages 48 et 49.

LE HUARD

Le huard adulte a le dos parsemé de taches noires et blanches comme un damier, la tête noire et lustrée, l'abdomen et le dessous des ailes blancs, et la gorge entourée d'un collier blanc. L'hiver, le huard change de plumage. Celui-ci devient grisâtre. Les adultes pèsent de 2,7 kg à plus de 6,3 kg et mesurent près de un mètre de l'extrémité du bec à celle des pattes étendues. Son grand bec noir est d'une longueur moyenne de 7,5 cm.

Les huards se reproduisent presque partout sur le territoire canadien. Quand vient l'hiver, ils migrent vers les côtes de l'océan Pacifique, de l'océan Atlantique et du golfe du Mexique.

Le huard a recours à quatre cris différents qui, combinés de diverses façons, servent à communiquer avec sa famille et avec les autres huards : le trémolo, le cri plaintif, le ioulement et l'ululement. Le trémolo, qui ressemble à un rire fou, signale un danger, une inquiétude ou un désagrément. Le cri plaintif est utilisé pour reprendre contact avec le partenaire ou pour répondre aux trémolos des autres. Le ioulement, produit par le mâle seulement, est un cri prolongé qui peut durer jusqu'à six secondes. Il est utilisé pour défendre le territoire. L'ululement est un cri sur une seule note, qui ressemble à un *hou* et qui est surtout utilisé par les membres d'une famille pour se retrouver.

Les huards passent de longs moments immobiles sur l'eau. Il leur arrive de se soulever pour étirer une patte ou une aile et, à l'occasion, ils agitent une patte de façon comique. Lorsqu'ils nagent à la surface de l'eau, ils se tiennent droits, le cou légèrement recourbé. Pour repérer leur proie, les huards regardent dans l'eau en tournant la tête d'un côté puis de l'autre. Ils visent ensuite, et plongent rapidement. Ils peuvent rester immergés pendant près d'une minute et plonger jusqu'à une profondeur de 80 m. Les huards passent peu de temps à terre. Ils y sont mal à l'aise. Ils marchent en avançant une patte à la fois et en se traînant, la poitrine près du sol. Mais c'est sur terre, près de l'eau, qu'ils construisent leur nid et couvent leurs œufs. Pour s'envoler, les huards ont besoin d'un bon élan et ils courent sur la surface de l'eau en direction du vent. Par temps calme, ils doivent parfois parcourir plusieurs centaines de mètres avant d'atteindre la vitesse nécessaire à leur envol. Malgré la faible envergure de leurs ailes (de 1,30 à 1,40 m), les huards sont capables de voler à une vitesse de 120 kilomètres à l'heure.

Les huards préfèrent le poisson à toute autre nourriture, mais ils se nourrissent aussi d'écrevisses, de grenouilles, d'escargots, de salamandres et de sangsues.

D'après *Les plongeons, Faune et flore du pays*, Service canadien de la faune, Environnement Canada. Reproduit avec la permission du ministre des Travaux publics et Services gouvernementaux, 1994.

Structure du texte

a) Quel est le sujet du texte ? _____

b) Pour chaque paragraphe, indique quel aspect est traité. Utilise les aspects ci-contre.

- 1er paragraphe _____
- 2e paragraphe _____
- 3e paragraphe _____
- 4e paragraphe _____
- 5e paragraphe _____

ASPECTS
- Cris
- Alimentation
- Habitudes
- Aire de répartition
- Aspect physique

Vocabulaire

c) Choisis dans la liste le mot qui correspond à chaque définition. Au besoin, aide-toi du dictionnaire.

combiné, damier, envergure, immergé, ioulement, lustré, migrer, parsemé, trémolo, ululement

- Répandu çà et là : _____
- Surface divisée en carrés noirs et blancs : _____
- Brillant, luisant : _____
- Changer de territoire selon la saison : _____
- Assemblé, associé : _____
- Tremblement de la voix : _____
- Chant traditionnel des montagnards du Tyrol, en Autriche, qui comprend de fréquents changements de ton : _____
- Cri des oiseaux de nuit : _____
- Recouvert d'eau : _____
- Étendue des ailes déployées d'un oiseau : _____

Compréhension du texte

d) Les plumes du huard sont-elles de la même couleur l'été et l'hiver?
Justifie ta réponse par une phrase du texte.
_____

e) Nomme les quatre différents cris du huard. Dis pour chacun à quoi il sert.

CRIS	UTILITÉ

f) Combien de temps un huard peut-il rester sous l'eau? _____

g) Les huards préfèrent-ils l'eau ou la terre ferme?
Justifie ta réponse par une phrase du texte.
_____
_____

h) Les huards s'envolent-ils avec facilité? Justifie ta réponse par une phrase du texte.
_____

i) Quelle est la nourriture préférée des huards?
_____

j) Nomme trois autres aliments différents que mangent les huards.
_____

5 Lis le texte, puis réponds aux questions des pages 54 et 55.

AMÉNAGE TA PROPRE FOURMILIÈRE !

Le matériel

- Un déplantoir pour ramasser la terre qui remplira la fourmilière. Une grande cuillère ou une petite pelle fait aussi l'affaire.

- Un contenant (seau, pot ou sac de plastique) pour mettre la terre. Prévois un format au moins aussi grand que celui de la fourmilière.

- Une cuillère à soupe pour récolter les fourmis.

- Un petit contenant hermétique pour transporter les fourmis (si tu récoltes les insectes loin de la maison, prévois un contenant avec des petits trous pour permettre aux insectes de respirer, sans qu'ils puissent s'échapper).

- Un grand bocal (contenant de plastique ou de verre transparent), qui deviendra la fourmilière. Choisis un contenant d'au moins un litre, avec une grande ouverture. Un bocal pour les conserves avec un couvercle muni d'une rondelle métallique est l'idéal, puisqu'il permet de remplacer la rondelle par un morceau de bas de nylon.

- Un morceau de bas de nylon.

- Un morceau de bois qui entre facilement dans la future fourmilière.

- Une feuille de carton ou de papier noir assez grande pour entourer complètement la fourmilière.

- Du ruban adhésif pour fixer le carton.

- Une petite quantité de nourriture (morceau de pain ou biscuit).

- Un petit morceau d'éponge qui servira de réservoir d'eau pour abreuver les fourmis. Tu peux aussi utiliser un petit couvercle (d'un pot de comprimés par exemple) dans lequel tu placeras un morceau d'ouate mouillée.

La récolte des fourmis

Deux groupes de fourmis assez communes se prêtent bien à la récolte et à l'observation dans une fourmilière maison. Il s'agit des espèces appartenant aux genres *Formica* et *Lasius*.

On reconnaît les fourmis du genre *Formica* à leur taille moyenne (6 ou 7 mm de long) et à leur couleur noire. Elles forment des monticules de terre. On les voit fréquemment à la campagne, dans les champs et les clairières.

Les fourmis du genre *Lasius* sont plus petites (3 ou 4 mm de long) et de couleur brune. Elles vivent sous des pierres assez grosses (de la taille d'un ballon de football environ) ou construisent de petits monticules de sable. On les trouve souvent à la campagne, mais aussi dans les villes, où elles s'installent dans les parcs et les jardins, par exemple.

Pour récolter les fourmis du genre *Formica*, enlève la partie supérieure du monticule avec le déplantoir. Pour les fourmis du genre *Lasius*, tu n'as qu'à soulever la pierre sous laquelle elles s'abritent. Dans les deux cas, utilise la cuillère à soupe pour ramasser délicatement les insectes, en prenant soin de prélever aussi des larves* et des nymphes*. Les œufs sont trop petits pour que tu les voies à l'œil nu. Essaie de recueillir une cinquantaine de fourmis adultes, provenant toutes du même nid. Il est normal que tu ramasses un peu de terre avec les insectes au cours de cette opération. Place le tout rapidement dans le contenant prévu à cet effet et ferme-le bien.

Ramasse ensuite de la terre à l'aide du déplantoir et mets-la dans le seau. Prends-en suffisamment pour remplir la fourmilière aux trois quarts. Prélève la terre tout près de la colonie, de façon à ce que les insectes se retrouvent en terrain connu. Souviens-toi de l'endroit exact où tu as récolté les fourmis, puisque tu reviendras les libérer à ce même endroit.

Une fois de retour à la maison, place le contenant avec les fourmis dans le réfrigérateur pendant une dizaine de minutes afin de calmer les insectes.

---

* Vocabulaire

larve : premier stade de développement d'un insecte après l'éclosion des œufs.

nymphe : deuxième stade de développement d'un insecte, avant l'âge adulte.

La construction

Mets le morceau de bois dans le grand bocal. Ajoute la terre récoltée près de la colonie de fourmis, de façon à remplir le bocal aux trois quarts. Le morceau de bois, en occupant l'espace au centre du pot, forcera les fourmis à s'établir plus près des parois du contenant, ce qui facilitera tes observations.

Modifie le couvercle du pot en y fixant le morceau de bas de nylon qui assurera l'aération de la fourmilière tout en évitant les évasions de fourmis.

Maintenant, installe le morceau de carton noir autour du pot et fixe-le avec du ruban adhésif. Cela permet aux fourmis d'être à l'abri de la lumière comme dans une fourmilière naturelle. Le carton doit couvrir toute la partie du pot où se trouve la terre. Prends garde de ne pas trop serrer ton emballage, car le carton doit pouvoir glisser comme un tube autour du pot.

Sors les fourmis du réfrigérateur et verse délicatement tout le contenu du pot dans la fourmilière. Ajoute ensuite le petit morceau d'éponge imbibé d'eau et la nourriture. Ferme rapidement le couvercle du bocal, car les fourmis tenteront de s'échapper.

L'entretien

Place la fourmilière dans un endroit où tu pourras l'observer sans la déplacer. Évite les bords de fenêtres ensoleillés ou les autres lieux trop chauds. Si tu dois bouger le bocal, fais-le doucement, sans donner de coups.

Il est important d'assurer aux fourmis un bon approvisionnement en eau et en nourriture. Tu peux ajouter de l'eau sur l'éponge, tous les jours au besoin, avec une cuillère.

Voici un exemple de repas gastronomique pour fourmis :

- la moitié d'une tranche de banane de 1 cm d'épaisseur ou un cube de pomme de 1 cm de côté ;
- un morceau de pain, de biscuit ou de gâteau gros comme ton pouce ;
- quelques graines de gazon, si tu en as ;
- une ou deux fleurs de pissenlit.

Tu peux aussi varier le menu avec un cube de sucre ou un insecte mort.

L'observation

Pour observer l'évolution de la fourmilière, il suffit d'enlever le carton noir. En scrutant les parois de ta fourmilière au fil des jours, tu pourras voir, par exemple :

- comment elles construisent les galeries ;
- comment elles emmagasinent la nourriture ;
- comment elles s'échangent de la nourriture ;
- comment elles s'occupent du couvain (œufs, larves et nymphes) ;
- comment elles se touchent pour communiquer avec leurs antennes.

Replace le tube de carton autour de la fourmilière dès que tu as terminé tes observations afin de ne pas déranger les insectes trop longtemps.

Tu devrais prévoir une période de deux ou trois semaines pour effectuer tes observations. Après ce temps, rapporte tes fourmis à l'endroit où tu les as récoltées pour leur rendre leur liberté. Si tu libères les fourmis trop loin de leur fourmilière, elles risquent d'être tuées par des prédateurs. Si tu les libères près d'une fourmilière étrangère, ses occupantes les attaqueront pour défendre leur territoire.

D'après Insectarium, http://toiledesinsectes.qc.ca/nouveau/menu.php?s=acti&p=fourmi, Ville de Montréal

Structure du texte

a) Quel est le sujet du texte? _____

b) Quels sont les cinq aspects traités dans ce texte?

- _____
- _____
- _____
- _____
- _____

Compréhension du texte

c) De quels objets auras-tu besoin pour attraper les fourmis?
_____

d) De quels objets auras-tu besoin pour construire la fourmilière?
_____
_____

e) Les fourmis ont-elles besoin d'air pour vivre?
Justifie ta réponse par une phrase du texte.
_____
_____

f) Comment appelle-t-on les fourmis brunes de 3 ou 4 mm de longueur qui vivent sous les pierres?
_____

© 2007 Marcel Didier inc. — Reproduction interdite

g) Coche l'énoncé qui est vrai.

☐ Les fourmis se reproduisent en pondant des œufs. À l'éclosion de l'œuf, une larve apparaît. Au bout de quelque temps, celle-ci se transforme en une nymphe, qui, à son tour, se transforme en fourmi.

☐ Les fourmis se reproduisent en pondant des œufs. À l'éclosion de l'œuf, une fourmi minuscule, à peine visible à l'œil nu, apparaît. Elle est déjà capable de se déplacer et de se nourrir toute seule.

h) Quelle est la meilleure façon de calmer les fourmis avant de les mettre dans la fourmilière ?
_____

i) Pour quelle raison vaut-il mieux installer un morceau de bois au centre de la fourmilière ?
_____

j) Pourquoi installe-t-on un carton noir autour du bocal contenant la fourmilière ?
_____

k) Nomme trois aliments que les fourmis apprécient.
_____

l) Avec quelle partie du corps les fourmis communiquent-elles entre elles ?
_____

m) Une fourmi peut-elle habiter une fourmilière dans laquelle elle n'est pas née ? Justifie ta réponse par une phrase du texte.
_____

CORRIGÉ

 ACTIVITÉS PENDANT LA LECTURE

Comprendre ce qu'on lit

Trouver le sens d'un mot inconnu

a) Victor peut garder sa montre pour se baigner puisqu'elle est **étanche**, c'est-à-dire que l'eau ne peut y pénétrer.

b) L'écurie est séparée en compartiments fermés réservés aux chevaux, ce sont les **stalles**.

c) Les tours des châteaux forts étaient percées de fentes, les **meurtrières**, par lesquelles les soldats pouvaient lancer leurs flèches.

d) En juillet dernier, il a fait extrêmement chaud pendant plusieurs jours. Cette **canicule** a été très difficile à supporter.

e) Les plantes ont la capacité de fabriquer leur propre nourriture à l'aide de l'énergie fournie par le soleil : c'est ce que l'on appelle la **photosynthèse**.

a) ses pattes arrière

b) Il parcourt la province dans tous les sens.

c) Il parle beaucoup.

d) Une personne qui aime beaucoup l'argent.

e) Elle me pardonne facilement.

f) Il est facilement insulté.

g) nourriture

h) surnom

i) Il avait perdu un œil et un bras.

a) forêt

b) se faire attendre

c) décoré

d) Elle ne peut plus chanter.

e) Ils avaient très peur.

a) Ces deux amis sont toujours ensemble, ils sont **inséparables**.

b) Il faut vraiment améliorer ton écriture, ton texte est **illisible**.

c) Grâce aux travaux, la maison est beaucoup plus **confortable**.

d) On l'entend à peine, sa voix est **inaudible**.

e) Ce texte n'est pas trop compliqué, il est **compréhensible** par n'importe qui.

f) Monsieur Fréchette ne savait pas lire, il était **illettré**.

g) Il fait un froid de canard, mais c'est tout de même **tolérable**.

h) Ce casse-tête a 10 000 morceaux, mais il est **faisable**.

Trouver des informations par déduction ou inférence

a) quatre (*Puisque la gestation dure presque un an.*)

b) Un mammifère (*Puisque la femelle allaite son petit.*)

c) C'était l'été. (*Puisque les bois tombent à l'automne et repoussent au printemps.*)

Identifier les mots de substitution

P'tit-Jean s'en va à **lui**[P] seul délivrer Nina et **il**[PN] **l'**emporte dans ses bras hors du château.

Aussitôt qu'**elle**[N] respire l'air frais au dehors, **elle**[N] regarde **son libérateur**[P] et **lui**[P] adresse le plus beau sourire du monde. **Elle**[N] commence dès le premier coup d'oeil à **l'**[P]aimer.

P'tit-Jean s'en va reconduire **la captive délivrée**[N] au château de son père.

Il[P] **la**[N] quitte sur le seuil et se retire en toute discrétion pour aller à la recherche de sa sœur qui a disparu.

Or le roi fait battre un ban dans tout son royaume. **Celui qui a délivré Nina**[P], sa princesse, **l'**[N]aura sans faute en mariage, lors de la grande fête qu'**il**[R] commence tout de suite à préparer.

Retenir ce qu'on lit

7

a) castor, moineau, pic-bois, bernard-l'ermite, (crabe, mollusque), lièvre, guêpes

b) • barrage : castor
 • terrier : lièvre
 • papier mâché : guêpes
 • coquillage : bernard-l'ermite
 • trou dans un arbre : pic-bois
 • fourche d'un arbre : moineau

c) Avec son bec.

d) Non.

e) La guêpe.

Trouver les idées principales dans un texte narratif

a) Un magicien.
b) Dans une vieille cabane abandonnée au cœur de la forêt.
c) Il a étudié tous les livres de magie et s'est spécialisé dans les transformations.
d) Il n'a plus l'occasion de pratiquer son métier.
e)
  • Il part à l'aventure.
  • Il arrive dans un village en ruine.
  • Il redonne au village sa prospérité.
  • Le géant arrive et terrorise tout le village.
f) Le magicien transforme le géant en bœuf.
g) Les paysans vivent heureux et le magicien s'installe au village.

Trouver les idées principales dans un texte descriptif

a) Les animaux en voie de disparition.
b) Le bison, le kapako, le cheval de Przewalski.
c) Grâce aux sous-titres.
d) 1er aspect : Le bison
Sous-aspects
• Continent où il vit : Amérique du Nord
• Cause de sa disparition : On l'a beaucoup chassé.
• Mesure adoptée pour le sauver : Il est protégé dans les parcs nationaux.

2e aspect : Le kapako
Sous-aspects
• Continent où il vit : Océanie
• Causes de sa disparition : La destruction de son habitat et l'introduction d'espèces qui sont ses prédateurs.
• Mesure adoptée pour le sauver : On a essayé de le déplacer vers un nouveau milieu de vie.

3e aspect : Le cheval de Przewalski
Sous-aspects
• Continent où il vit : Asie
• Causes de sa disparition : On le chasse et on le croise avec des poneys domestiques.
• Mesure adoptée pour le sauver : On applique un programme de reproduction sur les animaux en captivité.

Formuler des questions suggérées par ce qu'on lit

Exemples de réponses :
- Combien la coccinelle a-t-elle de pattes (*Six pattes*)
- Est-ce que toutes les coccinelles sont rouges à points noirs (*Non. Il en existe qui ont d'autres couleurs*)
- Qu'est-ce que la partie rouge que l'on voit sur le dos des coccinelles ? (*Une paire d'ailes solides*)
- Quelles ailes les coccinelles utilisent-elles pour voler ? (*D'autres ailes transparentes.*)
- De quoi se nourrit la coccinelle ? (*De pucerons*)
- Avec quoi la coccinelle attrape-t-elle les pucerons ? (*Avec ses mandibules.*)
- Combien de pucerons une coccinelle peut-elle manger en une journée ? (*Cinquante*)
- Après combien de jours les larves sortent-elles des œufs ? (*Après sept jours.*)
- Après combien de jours les larves deviennent-elles des coccinelles ? (*Après huit jours.*)

ACTIVITÉS DE COMPRÉHENSION DE LECTURE

Le texte narratif

a) le Soleil
b) Il parcourt le ciel pour éclairer la Terre.
c) Un matin, le Soleil ne peut pas se lever.
d)
- ☑ La Lune va sonner à la porte du Soleil.
- ☐ La Lune prend un jour de congé.
- ☑ La Lune demande des explications au Soleil.
- ☑ Le Soleil explique à la Lune son problème.
- ☑ La Lune lui fait des reproches.
- ☐ Le Soleil se fâche.
- ☑ La Lune rentre chez elle.
- ☑ Sur la Terre, les gens s'inquiètent.

e) La Lune accepte de remplacer le Soleil de temps en temps.
f) L'apparition des éclipses de Soleil.
g) Il se lève à l'aube et parcourt le ciel pour éclairer la Terre.
h) Oui. En général, il était très satisfait de son travail.
i) Oui. Ces derniers temps, toutefois, le Soleil était bien fatigué.
j) La Lune.
k) La Lune est inquiète parce que le Soleil n'est pas sorti alors qu'il est tard.
l) 7 h 30
m) Non. Il est vrai qu'elle avait droit, elle, à au moins quelques nuits de repos par mois.
n) Certains retournent se coucher. D'autres sont inquiets.
o) Parce qu'elles ont cru que leur réveil avançait.
p) Pendant toute la journée.
q) Il a eu l'idée de s'associer avec la Lune : elle viendrait le remplacer quelques instants quand il serait trop épuisé.
r) Oui.
s) Oui.
t) Cocher le texte suivant :
Un matin, le Soleil, fatigué, reste couché et la Terre est plongée dans le noir. Pour éviter que cela se reproduise, le Soleil se fait remplacer de temps en temps par la Lune. C'est ce qu'on appelle les éclipses de Soleil.

a) Au mois de juillet.
b) Jonas.
c) Sur un bateau.
d) Il fait une croisière d'observation des baleines.
e) Jonas tombe à la mer.
f) Cocher les trois péripéties suivantes :
  1. Un matelot voit tomber Jonas.
  2. On essaie de le sauver.
  3. Une baleine avale Jonas.
g) La baleine recrache Jonas sur la rive.
h) Jonas saura quoi dire à propos de ses vacances.
i) Laliberté.
j) Un bateau. embarque, croisière, pont du bateau.
k) Près du fleuve Saint-Laurent.
l) Parce qu'il va enfin avoir la chance de rencontrer des baleines
m) Des cordages qui traînaient sur le pont.
n)
  • Le matelot qui a vu Jonas tomber : Il plonge à l'eau.
  • Le père de Jonas : Il plonge à l'eau.
  • Le capitaine : Il stoppe les machines et donne l'ordre de lancer des bouées de sauvetage.
o) Trois jours.
p) 4 h 45 - aux petites lueurs de l'aube.
q) Gilbert Lagacé.
r) Aux îles-de-la Madeleine.
s) Oui. Aux îles-de-la-Madeleine, Gilbert Lagacé, 37 ans, pêcheur à Cap-au-Meules est en train de relever ses filets.
t) Cocher le texte suivant :
Jonas et sa famille font une croisière sur le Saint-Laurent. Soudain, en essayant de rattraper une balle, Jonas tombe à l'eau. Une baleine l'avale. Trois jours plus tard, elle le recrache sur la rive et Jonas est sauvé.

a) Il y a bien longtemps.
b) Dans un pays lointain.
c) Le petit nigaud.
d) Il part à la recherche de ses frères.
e) Surligner la phrase suivante : Malgré les moqueries, il décida de faire route avec eux.
f)
|3| Les deux aînés veulent enfumer des abeilles pour prendre leur miel, mais le plus jeune les en empêche.
|1| Les deux aînés veulent détruire une fourmilière, mais le plus jeune les en empêche.
|2| Les deux aînés veulent attraper des huards pour les manger, mais le plus jeune les en empêche
|5| Le lendemain, le petit homme soumet une épreuve à chacun des deux aînés. Ils échouent et sont changés en pierre.

|4| Ils arrivent à un château ensorcelé où ils rencontrent un petit homme qui les héberge.
|8| Le petit nigaud réussit la troisième épreuve grâce à l'intervention de la reine des abeilles.
|7| Le petit nigaud réussit la deuxième épreuve grâce à l'intervention des canards.
|6| Le petit nigaud réussit la première épreuve grâce à l'intervention des fourmis.
g) Surligner la phrase suivante (avant-dernier paragraphe) : Alors, l'enchantement cessa et tous ceux qui avaient été changés en pierre reprirent vie.
h) Le petit nigaud épouse la plus jeune des princesses. À la mort de son père, il devient roi. Ses frères épousent les deux autres sœurs.
i)
- Personne stupide : nigaud
- Personne plus âgée qu'une autre : aîné
- Habitation à plusieurs étages, pourvue de galeries, où vivent les fourmis : fourmilière
- Envelopper de fumée : enfumer
- Petite ouverture dans une porte ou un mur par laquelle on peut parler à quelqu'un : guichet
- Plante formant un tapis sur la pierre, la terre ou l'écorce des arbres : mousse
- Oiseau aquatique : huard
- Personnes soumises à l'autorité d'un roi : sujets
- Voler à petits coups d'ailes en changeant de direction : voltiger

j) Après avoir traversé les nombreuses salles du palais sans rencontrer âme qui vive…
k) à retrouver les perles ? Les fourmis.
à retrouver la clef ? Les huards.
à identifier la princesse ? La reine des abeilles.
l) 5 001 (*Il faut compter le roi des fourmis*).
m) se ressemblaient comme trois gouttes d'eau.
n) Un prince (ou : *un jeune homme*) parcourt le monde avec ses frères. En chemin, il sauve des animaux que ses frères veulent maltraiter. Dans un château ensorcelé, les deux frères sont changés en pierre, mais grâce à l'intervention des animaux qu'il a sauvés, le prince (ou : *le jeune homme*) réveille une princesse (ou : *une jeune fille*) et fait cesser l'enchantement. Il se marie avec la princesse (ou : *la jeune fille*) et devient roi.

Le texte descriptif

a) Le huard

b)
- 1er paragraphe : Aspect physique
- 2e paragraphe : Aire de répartition
- 3e paragraphe : Cris
- 4e paragraphe : Habitudes
- 5e paragraphe : Alimentation

c)
- Répandu çà et là : parsemé
- Surface divisée en carrés noirs et blancs : damier
- Brillant, luisant : lustré
- Changer de territoire selon la saison : migrer
- Assemblé, associé : combiné
- Tremblement de la voix : trémolo
- Chant traditionnel des montagnards du Tyrol, en Autriche, qui comprend de fréquents changements de ton : ioulement
- Cri des oiseaux de nuit : ululement
- Recouvert d'eau : immergé
- Étendue des ailes déployées d'un oiseau : envergure

d) Non. L'hiver, le huard change de plumage.

e)

CRIS	UTILITÉ
trémolo	Signaler un danger, une inquiétude ou un désagrément.
cri plaintif	Reprendre contact avec le partenaire ou répondre aux trémolos des autres.
ioulement	Défendre le territoire.
ululement	Retrouver les membres de sa famille.

f) Environ une minute.

g) Ils préfèrent l'eau. Les huards passent peu de temps à terre. Ils y sont mal à l'aise.

h) Non. Pour s'envoler, les huards ont besoin d'un bon élan et ils courent sur la surface de l'eau en direction du vent. *ou* : Par temps calme, ils doivent parfois parcourir plusieurs centaines de mètres avant d'atteindre la vitesse nécessaire à leur envol.

i) Le poisson.

j) *Trois aliments parmi les suivants* : écrevisses, grenouilles, escargots, salamandres, sangsues.

a) L'aménagement d'une fourmilière
b) Le matériel,
la récolte des fourmis,
la construction,
l'entretien,
l'observation.
c) Du déplantoir, de la cuillère à soupe,
du petit contenant hermétique, du seau.
d) Du grand bocal, du morceau de bois, du morceau de bas de nylon, de la feuille de carton, du ruban adhésif, du petit morceau d'éponge, de nourriture,
e) Oui. Prévois un contenant avec des petits trous pour permettre aux insectes de respirer. (*page 50, 4ᵉ paragraphe*)
f) Les fourmis de genre *Lasius*.
g) Cocher le texte suivant :
Les fourmis se reproduisent en pondant des œufs. À l'éclosion de l'œuf, une larve apparaît. Au bout de quelque temps, celle-ci se transforme en une nymphe, qui, à son tour, se transforme en fourmi.
h) Les placer dans un réfrigérateur pendant une dizaine de minutes.
i) Parce que cela force les fourmis à s'établir plus près des parois du contenant, ce qui facilitera leur observation.
j) Parce que cela permet aux fourmis d'être à l'abri de la lumière, comme dans une fourmilière naturelle.
k) *Trois aliments parmi les suivants* : bananes, pommes, pain, biscuits, gâteau, gazon, fleurs de pissenlit, sucre, insectes morts.
l) Avec leurs antennes.
m) Non. Si tu les libères près d'une fourmilière étrangère, ses occupantes les attaqueront pour défendre leur territoire.